J. DURANDEAU

UNE

Exécution Populaire

A VITTEAUX (COTE-D'OR)

en 1790

DIJON
CHEZ DARANTIERE, IMPRIMEUR
65, RUE CHABOT-CHARNY, 65

1886

UNE

EXÉCUTION POPULAIRE

A VITTEAUX

JUSTIFICATION DES TIRAGES :

Imprimé à 100 exemplaires sur papier vergé teinté
— 6 — — du Japon.
— 6 — — de Chine.
— 6 — — Whatman.
— 6 — — parcheminé.
— 2 — — parchemin.

UNE

Exécution Populaire

A VITTEAUX (COTE-D'OR)

en 1790

DIJON
CHEZ DARANTIERE, IMPRIMEUR
65, RUE CHABOT-CHARNY, 65

1886

Il pèse, et d'un poids lourd, sur le canton de Vitteaux, ce fait indéniable d'un noble assassiné à l'instant où la Révolution française étonnait l'univers, et le jetait dans l'admiration des grandes choses qui, chaque jour, s'accomplissaient par elle. Depuis cette époque, l'imagination, qui aime à tout grossir et à se donner carrière, a transformé et idéalisé la victime ; elle en a fait un innocent agneau, tandis qu'elle a peint de noires couleurs ces campagnards dont la colère avait armé le bras, les désignant comme autant de bêtes féroces déchaînées. Assurément c'étaient d'affreux jacobins que ces hommes-là ; ils ne devaient rêver que meurtres et pillage, destruction de châteaux, démolition d'églises, guillotine et le reste. Ainsi parle la légende : mais l'histoire tient-elle le même langage ?

Nullement.

La date du décès de M. Filz-Jean, seigneur de Sainte-Colombe, tué à coups de bâton sur la place du marché de

Vitteaux, remonte au 28 avril 1790, c'est-à-dire à cette période où n'existaient encore ni guillotine ni Jacobins (1), mais seulement des francs-maçons et des réunions populaires qu'on appela peu à peu des clubs, d'un mot anglais signifiant proprement massue. On se réunissait pour faire masse et assommer ses adversaires, de l'autre côté de la Manche. Chez nous, tout au contraire, on était assemblé pour s'entretenir de ses droits, apprendre à les connaître, et parler de liberté, d'égalité et de fraternité.

Donc, à l'aurore de la Révolution, au moment où le roi allait devenir constitutionnel, où l'on divisait la France en 83 départements (15 janvier 1790) ; où l'Assemblée nationale, après avoir décrété l'égalité des citoyens devant la loi (21 janvier même année), l'abolition des droits seigneuriaux (24 fév. id.), la suppression des ordres religieux et l'institution du jury, se préparait à donner une constitution civile au clergé, et, à la France, un organisme nouveau, quoi d'étonnant qu'à ce moment de transformation totale et de pleine effervescence, les classes émancipées se soient livrées à quelques excès regrettables ? Comment des hommes offensés par la superbe d'un ancien seigneur, en l'absence de lois et de

---

(1) A Paris le club dit *des Jacobins* ne s'ouvrit qu'à la fin de 1789 et ne se répandit dans les provinces qu'avec l'avènement de la faction robespierriste, c'est-à-dire en 1792 et 1793. En 1790 et 1791, ce sont les Girondins qui dominent; ils instituent la fête de la *Fédération*, le 14 juillet 1790; ils font proclamer la République en 1792, etc.

tribunaux politiques, eussent-ils pu obtenir justice autrement que par leurs propres mains ?

Qu'on veuille donc bien se représenter cette ère durant laquelle les clubs furent souverains ; où, pour la première fois, le peuple, ce grand muet (le pecus mutum *du poète), sut, par un miracle des plus étonnants, recouvrer la parole ; où la question sociale se posa et s'imposa à des affamés, car 1789 et 1790 furent des années de disette, et, après cela, qu'on ose blâmer outre mesure cette poignée d'hommes qui tira vengeance de l'outrage reçu d'un ci-devant noble, d'un être sans entrailles, venu de Dijon à Vitteaux pour braver des malheureux, les assimiler à des bestiaux, selon la coutume de ses aïeux qui ne voyaient dans les paysans rien de plus que des* instrumenta laboris.

Ceci dit, exposons les faits. C'est à eux qu'il faut toujours s'en rapporter, quand on veut connaître la vérité vraie, et non des fables. Un épisode, jusqu'ici mal expliqué de la Révolution française en province, va enfin paraître dans tous ses détails, avec pièces à l'appui.

I

SAINTE-COLOMBE ET SES SEIGNEURS

Les seigneurs du village de Sainte-Colombe (canton de Vitteaux) devaient être d'origine anglaise. Sans doute, dans les premiers temps, leur nom fut *Fitz-James ;* mais il est à croire que, par la suite, on prononça et l'on écrivit ce nom à la française : *Filz-Jean*, puis *Filzjan*. Pour le mot de Fitz-James, il appartient à l'histoire, et les grands dictionnaires biographiques, comme celui de Dézobry, donnent quelques détails sur la famille qui portait ce nom. Les *Filz-Jean* de Bourgogne durent venir dans le pays aux temps des anciennes invasions, ou peut-être à la suite du duc Philippe le Bon, allié aux Anglais vers la fin de la guerre de Cent ans. Ajoutons que le caractère égoïste, avare et hautain de ces seigneurs témoigne d'une origine étrangère, et nullement bourguignonne.

On trouve des membres de cette famille parmi les seigneurs de Barain et de Talmay; il ne serait pas impossible que l'un des derniers ducs de Bourgogne eût fait don de Sainte-Colombe à un Filz-Jean pour le récompenser de ses services, car les villages voisins de celui-ci, tels que Marcilly et Arnay-sous-Vitteaux, n'étaient occupés, aux siècles derniers, que par des seigneurs *engagistes*, ce qui signifie que les terres de ces pays étaient au roi, comme « seigneur foncier; » or, celui-ci avait dû les acquérir en qualité d'héritier des ducs bourguignons, quand le duché fut annexé à la couronne de France après la mort de Charles le Téméraire (1477). Entre Marcilly et Sainte-Colombe, il reste encore, debout sur la montagne, une ferme appelée *Fauconneau*, ferme que Courtépée désigne comme une ancienne maison de chasse des ducs de Bourgogne (1). Toute

(1) Au-dessous de Marcilly, dans le fond de la vallée de la Brenne, notons encore le village de *Posanges* ou *Pousoinges*, possédé par Guillaume du Bois, maître d'hôtel

cette petite contrée, semble-t-il, leur appartenait en propre.

Quoi qu'il en soit, voici un document qui témoigne de la possession de Sainte-Colombe par les Filzjean durant le XVIIe siècle. Ce document est précieux pour l'histoire de France, il fait voir en quel état de piteux délabrement, d'ignorance et de misère était tombé ce village ; et bien d'autres, sans doute, se trouvaient dans la même situation, puisque les causes de ruine intellectuelle, morale et physique, étaient les mêmes pour tous.

« Jacques Filzjean, seigneur de Sainte-Colombe,
« conseiller du roi, etc., sur la requête présentée
« par les habitants, avons procédé à sa visite.

« Ayant ordonné à Garnier, laboureur, de
« nous présenter les derniers rôles des tailles de
« la communauté (c'est-à-dire de la commune),
« il nous a fait réponse n'en avoir aucun, attendu
« qu'*il n'y a personne audit village qui sache lire*
« *et écrire ;* il nous a seulement représenté un
« bâton carré de la longueur d'environ deux

du duc de Bourgogne, en 1450. Nous sommes donc ici dans un centre de possessions ducales, dont la châtellenie de Saint-Euphrone formait le point final à l'occident.

« aunes, et d'environ deux doigts de largeur et
« un d'épaisseur, dans lequel nous avons vu et
« reconnu divers crans et marques que Garnier
« nous dit avoir été faits avec un couteau, pour
« servir de mémoire aux habitants des sommes
« auxquelles chacun d'eux a été imposé, et
« pareillement des soldes faites par chacun des
« habitants. Garnier nous a fait connaître par
« lesdites marques que, depuis le mois de mai,
« quatre des habitants dudit village se sont reti-
« rés de celui-ci, *à cause des tailles*, qu'ils disaient
« leur être absolument impossible de payer.

« Ayant ordonné à Garnier de nous faire voir
« toutes les maisons du village et tous les habi-
« tants, il nous a conduit premièrement à l'é-
« glise que nous avons trouvée dans une totale
« désolation, la nef étant entièrement découverte
« et la voûte qui couvrait le chœur tombée depuis
« peu, en sorte que la sainte messe n'y peut
« être célébrée qu'à découvert. De laquelle église
« il nous a conduit en une maison assise au haut
« du village, en laquelle étant entré, nous n'y
« avons trouvé aucun meuble et inhabitée ; puis,
« dans une autre maison délabrée, couverte de
« *loches* (minces planches de bois), à environ

« cinq cents pas, en laquelle Garnier fait sa rési-
« dence, qu'il ne peut réparer à cause de sa pau-
« vreté, et qu'il va être obligé de remettre à la
« demoiselle Roger, qui la lui avait vendue.

« Puis, il nous a conduit le long de la rue,
« où nous avons remarqué diverses places vides,
« où étaient autrefois autant de maisons, qui
« ont été brûlées par l'irruption des ennemis de
« l'Etat en 1636 (1). Puis, vers le milieu du
« village, nous sommes entré en une maison
« proche de la fontaine publique, et aux environs
« nous avons vu quantité d'espaces arides, où
« étaient assises des maisons maintenant brûlées
« et ruinées par les ennemis. Auprès, nous avons
« vu une maison nouvellement construite, habitée
« par Jean Lambert, laboureur, fermier du sieur
« Cassard. Puis, dans une autre, où réside Di-
« manche (2) Rouhier ; finalement, une autre

---

(1) On a peine à comprendre quels ennemis vinrent, en 1636, dans cette partie de la Bourgogne. C'est l'année de la grande invasion de Galas; mais on sait que l'ennemi, descendu par la Franche-Comté, ne put guère aller au delà de Saint-Jean-de-Losne. L'échec que subit Galas devant cette petite place est resté célèbre.

(2) Le nom de *Dimanche* paraît avoir été assez répandu aux xve, xvie et xviie siècles. Ronsard se moque du nez d'un

« encore inhabitée et abandonnée, n'y ayant,
« dans tout le village, autres bâtiments ! »

Que l'on soit partisan ou non de l'ancien régime, il faut avouer que ce document s'offre à nous comme une pièce d'accusation terrible contre la royauté. Mais, après avoir constaté que c'est un noble, Jacques Filzjean lui-même, qui signale l'énormité des tailles, la ruine des maisons, la dépopulation du village et l'ignorance profonde des habitants (aucun d'eux ne sachant lire ni écrire), nous nous demanderons si ce même seigneur n'est pas quelque peu l'auteur du déplorable état où sont tombés hommes et choses. En effet les Filzjean, comme la plupart des autres seigneurs, ne résidaient point sur leurs terres (les nobles provinciaux demeuraient dans les grandes villes toujours à l'affût de quelques charges lucratives ou de quelques-unes de ces affaires qui permettent de pêcher le gros poisson en eau trouble); ils habitaient Dijon, et leur hôtel s'y voit encore au n° 44 de la rue Chaudronnerie. Qu'on

---

certain *Dimanche*. Un personnage de ce nom, né à Vitteaux, occupa un poste élevé près de l'un des ducs de Bourgogne. Dans le *Don Juan* de Molière, il y a *M. Dimanche*, marchand drapier, etc.

suppose donc le seigneur de Sainte-Colombe au milieu de ses manants, entouré de son nombreux domestique, entretenant les murs de son château-fort, organisant la résistance en cas d'attaque, ou venant en aide aux pauvres laboureurs dans les années difficiles et, de suite, l'aspect du village va changer.

Il changea, malgré tout; car, à la fin du xviiie siècle, d'après Courtépée, il s'y trouvait « 150 communiants, avec la métairie Laborde; « deux moulins que font aller deux fontaines sor- « tant du pied du château, et dont l'eau est très « bonne. Un grenier à sel, etc. »

La révolution éclate; Sainte-Colombe perd à la fois son seigneur et son nom; on l'appelle *Belle-Roche*; cependant le nouvel ordre de choses ne lui est pas funeste, puisque le nombre des habitants s'accroît; nous le trouvons de 227 vers 1840, et seulement de 180 en 1878.

II

SAC DE L'HÔTEL DES FILZJEAN A DIJON

LE 17 avril (mois funeste pour les Filz-Jean); le 17 avril 1775, disons-nous, il y eut une émeute à Dijon; la cherté du blé en était cause. Voici quelques extraits relatifs à ce « tumulte, » comme dit l'auteur du mémoire historique (1), où sont relatés les faits :

« La cherté du blé, dont le boisseau valait
« 7 livres, la rareté de cette denrée de première
« nécessité, les enarrhements faits par J. Quarré,
« meunier de l'Ouche ; les sommes qu'on croyait
« lui être prêtées par M. Filzjan de Sainte-

---

(1) Ce *Mémoire* a été publié récemment par les soins de M. G. D., à la librairie Darantiere.

« Colombe, devenu odieux par une avarice sor-
« dide et un commerce vil d'amidon, ont donné
« lieu à la sédition. A la rentrée du Parlement,
« le 3 avril, ce conseiller (M. Filzjan), haï du
« peuple, fut insulté quatre fois dans la journée ;
« M. Feydeau de Marville, conseiller d'Etat,
« commissaire du roi, lui dit qu'il ferait bien de
« se retirer. La Cour l'invita, après une délibéra-
« tion générale, par M. Courtois de Quincey, à
« se défaire de sa charge ou à se justifier ; à ces
« mots les larmes lui coulèrent des yeux ; on ne
« croyait pas qu'un avare pût pleurer, mais il se
« voyait privé de sa place et de l'expectative de
« celle de Doyen, qui vaut 6 à 7,000 livres.
« Voilà, à ce qu'on pense, la source de ces lar-
« mes tardives : il balbutia, délibéra et dit enfin
« qu'il quitterait si, du moins, on voulait rece-
« voir son fils pour le remplacer. Le Parlement
« qui connaît ce jeune homme pour un assez
« mince sujet, craignant qu'il n'eût les inclina-
« tions du père, remit après Quasimodo à déli-
« bérer sur ces propositions. Toutes ces démar-
« ches percèrent dans le public et rendirent
« M. Filzjan plus méprisable encore et infiniment
« moins à craindre. »

Bientôt le peuple se soulève en demandant du pain. Une bande se porte vers le moulin de l'Ouche ; mais une autre plus nombreuse gagne la rue Chaudronnerie et cherche à enfoncer la porte de l'hôtel Filzjean.

« N'en pouvant venir à bout, Guyot, le chef
« des mutins, grimpe, quoique boiteux, sur les
« barreaux, atteint les fenêtres du premier appar-
« tement qu'il jette en dedans et entre : c'était
« là le moment d'arrêter la bagarre en renver-
« sant le coquin d'un coup de bûche ; mais le
« maître du logis, qui avait vu de sa fenêtre la
« troupe mutinée et ses vitres cassées, fuit lâche-
« ment, va se cacher au fenil, et abandonne sa
« maison au pillage. Dès qu'elle eut été ouverte
« par Guyot, elle fut bientôt remplie par la ca-
« naille (1) ; elle commença par tirer ses deux
« carrosses et sa berline en la rue ; en moins
« d'une demi-heure, tout fut mis en cannelle ;
« les dindes et les poules eurent le cou coupé
« et les ailes arrachées.

« Un furieux voulait percer les chevaux ; le

---

(1) On voit que c'est un homme de l'ancien temps qui tient la plume : *canaille, gredins*, sont ses termes familiers.

« cocher demanda grâce. « *Eh ! que vous ont fait*
« *mes pauvres chevaux ?* » Allons, dit un autre, je
« suis d'avis de les épargner, mais, comme l'avare
« les a fait jeûner, il faut les régaler ; et on leur
« fit verser deux sacs d'avoine dans la mangeoire.
« Ensuite, on enfonça les chambres, les armoires ;
« quatre commodes furent brisées ; le linge, les
« hardes coupées, dispersées ; plusieurs rouleaux
« de belle toile, 20 douzaines de serviettes, 12 de
« draps furent livrées aux femmes ; tout fut haché
« en mille morceaux. On n'a pas emporté vingt
« serviettes entières ; tous les lits de plume furent
« crevés et la plume dispersée dans la rue ; l'on
« détachait proprement les trumeaux pour les
« casser en entier sur le carreau, ou les jeter en
« la rue, sur le pavé, en disant *raiquette !* (1). Les
« chambres de tous les étages ayant été visitées
« et nettoyées de tous meubles, tapisseries, ta-
« bleaux, on descendit à la cave : c'est là que

---

(1) Le verbe *raqueuter* ou *raiqueuter* est un mot bour-
guignon qui signifie *saisir* au vol, *recevoir* dans les mains
l'objet lancé. Ce verbe est formé du réduplicatif *ra, rai,* et
de *queue* ; raqueuter, c'est prendre, attraper, saisir par la
queue. L'image doit venir d'un jeu de paume, pratiqué
autrefois par les enfants.

« se dirent les bons propos, en buvant le vin
« vieux et les liqueurs. »

Pendant ce temps que faisaient les autorités ?
L'auteur du mémoire nous apprend que le maire
(Raviot), ayant pris peur, se tenait caché chez le
commandant, qui lui-même « s'inquiétant plus
« de sa personne menacée que de la maison rava-
« gée, » se tenait coi, et à toutes les demandes
d'aller disperser les séditieux, répondait : « *Laissez-*
« *les faire !* » Enfin l'évêque est averti de ce qui se
passe ; il accourt ; il parle au peuple avec dou-
ceur, promet du pain, et tâche de faire cesser le
pillage.

« On l'écoute un moment, et devant lui un
« charpentier dit : « Tenez, Monseigneur, nous
« nous en allons ; mais il faut vider cette commode ;
« c'est là où sont les marchés avec le meunier ; »
« et en même temps, il la brise, tire les papiers,
« qui sont, les uns déchirés, les autres jetés en
« la rue ; presque tous les sacs de procédure
« furent dispersés ; les terriers précieux de
« M. Sallier de la Roche (1), de l'abbé de Cî-

---

(1) M. Sallier, seigneur de la Roche-en-Brenil, beau-père
du conseiller Filzjean de Sainte-Colombe.

« teaux, ont été déchirés ou jetés par les fenê-
« tres... Enfin, après une bacchanale de cinq
« heures, M. de Dijon, à force de prières fit reti-
« rer tout le monde des appartements. Il eut plus
« de peine à vider les caves, où le bon vin rete-
« nait les plus échauffés.

« Comme on sortait, une pendule épargnée,
« ayant sonné imprudemment, un homme dit :
« Un moment, Monseigneur ; voilà un meuble
« qui se décèle ; il faut le punir de son babil ; »
« et d'un coup de bâton le met en mille pièces.
« Un autre trouve un écu dans une chambre et
« le ramasse. « *Gardez-le*, dit l'évêque, *et sortez*.
« — *Non, Monseigneur, je ne viens pas ici pour*
« *voler*, » et le jette par la fenêtre.

« Pendant tout le tumulte, le maître du logis
« était le plus mal à son aise. M. Poulet, notaire,
« son voisin, ayant su qu'il était caché dans le
« fenil, y monta avec un ami, lui cria douce-
« ment : « *C'est moi ; ne craignez pas ; je viens vous*
« *sauver*. » Il se découvrit alors ; on le descendit
« déguisé dans un caveron obscur dont il avait la
« clef ; il y passa quatre heures, cramponné aux
« barreaux de la lucarne, le corps en l'air, de
« peur qu'on ne le vît... (Quand la foule se fut

« retirée), les deux amis prévinrent la voisine,
« Mme de Villiers, et la prièrent de permettre
« qu'on fît un trou à son mur de cave, par où
« on passa le prisonnier à demi mort, qui avait
« fait dans cette retraite une cruelle pénitence,
« attendant sa fin à tout moment. On l'affubla
« d'une soutane et d'une perruque, et on le con-
« duisit chez Mme Lebault, etc. A quatre heures
« du matin, il partit avec son fils pour Paris, par
« la route de Champagne. »

Volontiers, on s'écrierait : « Bon voyage
M. Dumollet ! et puisse Dijon ne jamais vous
plaire, afin qu'on ne vous y revoie plus ! » Malheu-
reusement l'avare conseiller tenait à sa place et à
son hôtel, bien qu'il n'y restât guère que les quatre
murs (1). Il se rendait à Paris pour demander
justice, c'est-à-dire pour raconter les faits à sa
manière, obtenir de l'argent du roi et de l'avan-

(1) Le narrateur des faits observe qu'au commencement
du sac de l'hôtel, des milliers de personnes étaient venues
en spectatrices, et qu'un certain nombre disait tout haut :
C'est bien fait ! — Il poursuit : « Au moins n'y a-t-il eu
personne de tué, ni argent, ni argenterie volés ; seulement
les Carmes trouvèrent le lendemain, sur l'autel, douze
couverts qu'ils ont rendus à la famille. » Le couvent des
Carmes était situé où se trouvent actuellement les bâtiments des Dames de la Visitation (rue Crébillon).

cement. Ses démarches ne furent pas vaines. Turgot était au ministère, et le peuple attribuait la disette à la liberté du commerce qu'il avait fait décréter en septembre 1774. M. de Sainte-Colombe devait tenir pour Turgot et son décret, qui lui permettait d'agioter sur les farines et d'accaparer le blé, d'accord en cela avec le meunier Quarré, maître du moulin de l'Ouche. Au reste, un peu partout éclataient des révoltes : à Lille, à Corbeil, à Senlis, à Pontoise, à Saint-Germain-en-Laye, à Versailles, à Paris, il y eut soulèvement partiel du menu peuple. La famine était grande en Bourgogne. Le gouverneur arrive, pour la tenue des États, le 6 mai 1775, c'est-à-dire 18 jours après l'émeute de Dijon ; à la Cude des femmes se prosternent devant son carrosse, en lui demandant du pain. Le prince (1) veut leur donner de l'argent ;

(1) Il s'agit ici de Louis-Joseph, prince de Condé, gouverneur de la Bourgogne, comme le furent ses aïeux. Il vécut 82 ans (1736 à 1818). Ce fut lui qui donna l'exemple de l'émigration, et, dès la fin de 1789, il formait, sur les bords du Rhin, cette armée d'émigrés qui prit le nom d'*armée de Condé*. — En 1775 il venait en Bourgogne, accompagné de son fils et de son petit-fils, enfant âgé de trois ans. Son fils, Louis-Henri-Joseph, duc de Bourbon, (né en 1756), se pendit en 1830 ; et son petit-fils, le duc d'Enghien, périt le 21 mars 1804, fusillé à Vincennes. Avec eux s'éteignit la famille illustre des Condés.

mais elles de s'écrier : « Non, monseigneur ; c'est du pain, c'est du blé que nous vous supplions de nous donner, et nous prierons Dieu toute notre vie pour vous. » Cent pas plus loin, même scène. Le prince entend les cris déchirants d'autres femmes : « Du pain, monseigneur ! Vive le prince de Condé, vive le duc de Bourbon, vive le duc d'Enghien ! » Le gouverneur promit à ces femmes de les soulager, et leur jeta huit ou dix louis.

En quoi la liberté du commerce des grains, était-elle cause de la cherté du pain ? N'avait-on pas vu, sous le régime de la prohibition, le père même du gouverneur dont nous parlons, s'entendre avec Ravot d'Ombreval pour accaparer les blés, d'où les émeutes de juillet 1725 ? Mauvaise affaire pour les émeutiers ; excellente pour le duc de Bourbon : il partagea plus de neuf millions de bénéfices avec sa maîtresse, la marquise de Prie et quelques autres ! Le seigneur de Sainte-Colombe suivait donc d'illustres exemples. Comment aurait-on pu le blâmer en haut lieu ? Il revint, sans nul doute, en vainqueur à Dijon, et se montra plus avare et plus arrogant que jamais. En 1784, il entrait aux États !

III

FIN TRAGIQUE DU DERNIER SEIGNEUR DE SAINTE-COLOMBE.

Nous voici en 1790. La leçon de 1775 aurait profité à tout autre qu'à l'incorrigible Jean-Charles Filzjean, que nous avons vu traqué dans sa maison de la rue Chaudronnerie et sur le point d'y être tué. Au moment où les seigneurs quittent la campagne qui gronde et se retirent à la ville ou à l'étranger, lui apparaît tout à coup à Sainte-Colombe, et c'est là qu'il apprend les terribles décrets : abolition des titres de noblesse, droits féodaux supprimés, etc. On conçoit avec quelle irritation ces nouvelles étaient reçues de lui.

L'idée de fédération agitait alors les esprits ; la

France s'éveillait girondine ; or, la base de tout groupement fédéraliste, c'est le canton, dont les communes forment les molécules vivantes. Voyez la Suisse. Agrégat naturel, organisme et substratum de l'édifice politique, le canton doit former un tout uni ; s'il n'a point de consistance, si son indépendance et son autonomie n'existent pas, le corps social tout entier languit. D'instinct, nos aïeux avaient compris cette grande loi ; et, pour s'y conformer, ils s'assemblaient par canton. C'est ainsi que Vitteaux eut un club de campagnards. Ce club villageois se tenait dans les bâtiments du ci-devant couvent des Minimes, occupé aujourd'hui par la maison-mère des sœurs dites de la Providence.

Le 28 avril 1790 que se passa-t-il dans cette réunion ? Il est facile de le conjecturer : on discuta les moyens de se procurer du pain. Peut-être ces moyens déplurent-ils au citoyen Filzjean qui, par une audace rare, était présent à la séance. Tout à coup on entendit une voix impérieuse crier : « Il ne manque pas de foin ; mangez-en (1) !

(1) On a mis en doute ce mot ; il a été supposé, a-t-on dit, à l'occasion du meurtre de Foullon, à Paris. Cependant quand on le trouve, dès 1775, sur les lèvres du Commandant et du Maire de Dijon ; quand c'est un écrivain

C'est bon pour vous ! » Et l'ex-noble, car c'était lui, après un tel outrage à l'humanité, se hâtait de disparaître. Il atteignait la place du marché quand, se sentant poursuivi, il se réfugie dans une maison (celle des Seignot), vis-à-vis l'hôpital. Les paysans, armés de leurs bâtons, l'y poursuivent, l'assomment à demi et le jettent par la fenêtre. Ceux qui sont restés dehors achèvent la besogne, et l'on traîne l'agonisant à travers la place. C'est à qui se vengera. L'un des campagnards, ayant trouvé du foin, accourt, et, lui en bourrant la bouche, hurle : « Manges-en, aristocrate ! En voilà ! mange donc ! » Le coup fait, chacun se disperse, et le cadavre reste là. On conte que l'homme était grand, gros et chauve. Vers le soir, quelques citoyens le prirent et allèrent l'enterrer sous un sureau, dans un des petits jardins situés entre la rue Cordier et le Châtelet. Les poursuites qu'on essaya de faire contre quelques-uns des campa-

---

de cette époque, et un écrivain royaliste et clérical, qui le rapporte, on ne peut douter que ce ne fût une habitude de grand seigneur de traiter ainsi le peuple. Voici, du reste, le passage du document : « Au fracas que fait la foule, M. de la Tour du Pin (c'est le nom du commandant), qui étoit à table, accourt en colère, entouré de sa garde, les traite de coquins, de canaille, leur dit de *manger de l'herbe*; le Maire de Dijon, qui l'accompagne, en dit autant. »

gnards de Sainte-Colombe et d'Arnay (ceux-ci s'étaient naturellement montrés les plus acharnés au meurtre) n'aboutirent pas. Au bout de deux jours, le curé de Vitteaux enterra secrètement, dans le cimetière, le dernier seigneur de Sainte-Colombe, et l'on voit qu'il fut fort embarrassé pour dresser l'acte de décès de ce mort étranger à la commune.

En effet, sur le registre tenu par ledit curé (il s'appelait Marandon), après l'acte concernant Marthe Rigolier, décédée à l'âge de 80 ans, le 27 avril, on trouve une demi-page toute raturée. C'est un acte biffé de telle sorte que l'auteur a cru le rendre illisible. Cependant, avec beaucoup de patience, on parvient à le déchiffrer. Citons-en les premières lignes, car elles ne sont pas sans intérêt :

« Ce jourd'huy, premier may mil sept cent
« quatre vingt dix, messire Jean-Charle Filz-Jean,
« seigneur de Sainte-Colombe, âgé de 70 ans ou
« environ (1), décédé en cette ville le vingt huit
« avril dernier, a été inhumé par moy, curé sous-
« signé, au cimetière de l'église paroissiale de cette
« ville..... »

(1) Il était né le 14 mars 1719; il avait donc 71 ans.

Peut-être le curé Marandon a-t-il jugé comme une imprudence l'indication faite par lui de l'inhumation du seigneur de Sainte-Colombe en terre sainte ; peut-être aussi a-t-il remarqué qu'il était contraire à l'usage de laisser s'écouler deux jours (1) entre l'heure de la mort et celle de l'enterrement. Nous ne pouvons émettre ici que des conjectures ; néanmoins elles paraissent assez probables, puisque l'acte de décès, rétabli à la suite de celui-ci, donne une autre date à l'inhumation et garde le silence au sujet du curé qui l'a faite. Voici l'acte :

« Ce jourd'huy, 29 avril 1790, messire Jean-
« Charles Filz-Jean, seigneur de Sainte-Colombe,
« âgé de 70 ans ou environ, décédé en cette ville
« le jour d'hier, a été inhumé sur les réquisitions
« de Me Jean-Baptiste Gagnereaux, procureur
« d'office, en exécution du procès-verbal fait par

---

(1) Quand on lit attentivement le registre de la paroisse de Vitteaux, on est frappé de ce fait, à savoir avec quelle hâte on enterrait les morts. Le matin vous étiez encore vivant dans votre lit qu'à peine le soir venu, on vous portait au cimetière, comme un homme bien et dûment trépassé, quoique le décès ne remontât qu'à huit ou dix heures. Et dire que vingt-quatre heures ne suffisent pas toujours pour s'assurer de la réalité de la mort !

« MM. les officiers de la justice de la baronnie
« de cette ville, ledit jour d'hier, dont copie m'a
« été délivrée, en présence de François Gous-
« sillon, M⁶ Chapellier (1) en cette ville, de
« François Goussillon, fils, demeurant avec luy,
« et de Pierre Simonnot, vigneron en ladite ville,
« lesquels se sont soussignés avec nous, à l'excep-
« tion dudit François Goussillon fils, qui a déclaré
« ne le savoir, de ce enquis. (*Signé*) : François Gou-
« sillon, Pierre Simonot et Marandon, curé. »

Pour achever de peindre les MM. Filzjean, ajoutons ces quelques lignes empruntées à la brochure
éditée par M. Darantiere, sur l'émeute de 1775,
à Dijon.

« Jean-Charles Filzjan appartenait à une famille
« où, paraît-il, l'avarice était héréditaire ; sa mère,
« Claude-Jacquette Seurrot, morte le 7 décembre
« 1772, était, au rapport du *Mercure Dijonnois*,
« *d'une avarice sordide et laissa une grosse somme*
« *d'argent.*

« Son parent, Etienne Filzjan de Talmay, aussi

---

(1) La maison occupée par le chapelier Goussillon est
aujourd'hui à M. Guéneret, ancien huissier. C'est dans le
jardin de ce chapelier que fut provisoirement enterré l'ex-
seigneur de Sainte-Colombe.

« conseiller au Parlement de Bourgogne, de 1713
« à 1754, avait déjà, d'après le journal cité plus
« haut, *la réputation d'être très dur et fort avare.*
« Il avait été l'objet du quatrain suivant, tiré du
« Noël de 1720 sur le Parlement (1) :

>Filzjan ravy de voir Jésu
>Dans un si mauvais équipage
>Dit : « Vous voyés que c'est vertu
>« Que l'avarice et le ménage ! »

Cette vertu-là ne porte pas toujours bonheur. Le cousin d'Etienne ne s'en est que trop aperçu à Dijon, puis à Vitteaux, où, insolent Harpagon, il ne put échapper, cette fois, à la justice populaire.

J. D.

Vitteaux, 21 septembre 1886.

(1) Ce noël vient d'être publié par M. Darantiere.

Dijon. — Imp. Darantiere, rue Chabot-Charny, 65